I0014891

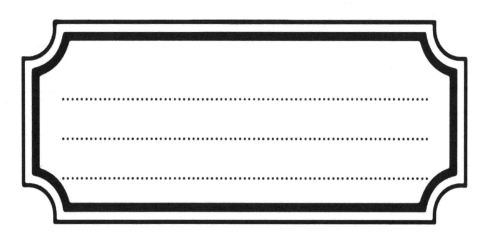

tracker de mot de passe

Sites Web	noms d'utilisateur	mots de passe

tracker de mot de passe

Sites Web	noms d'utilisateur	mots de passe

tracker de mot de passe

Sites Web	noms d'utilisateur	mots de passe

tracker de mot de passe

Sites Web	noms d'utilisateur	mots de passe

tracker de mot de passe

Sites Web	noms d'utilisateur	mots de passe

tracker de mot de passe

Sites Web	noms d'utilisateur	mots de passe

tracker de mot de passe

Sites Web	noms d'utilisateur	mots de passe

tracker de mot de passe

Sites Web	noms d'utilisateur	mots de passe

tracker de mot de passe

Sites Web	noms d'utilisateur	mots de passe

tracker de mot de passe

Sites Web	noms d'utilisateur	mots de passe

tracker de mot de passe

Sites Web	noms d'utilisateur	mots de passe

tracker de mot de passe

Sites Web	noms d'utilisateur	mots de passe

tracker de mot de passe

Sites Web	noms d'utilisateur	mots de passe

tracker de mot de passe

Sites Web	noms d'utilisateur	mots de passe

tracker de mot de passe

Sites Web	noms d'utilisateur	mots de passe

tracker de mot de passe

Sites Web	noms d'utilisateur	mots de passe

tracker de mot de passe

Sites Web	noms d'utilisateur	mots de passe

tracker de mot de passe

Sites Web	noms d'utilisateur	mots de passe

tracker de mot de passe

Sites Web	noms d'utilisateur	mots de passe

tracker de mot de passe

Sites Web	noms d'utilisateur	mots de passe

tracker de mot de passe

Sites Web	noms d'utilisateur	mots de passe

tracker de mot de passe

Sites Web	noms d'utilisateur	mots de passe

tracker de mot de passe

Sites Web	noms d'utilisateur	mots de passe

tracker de mot de passe

Sites Web	noms d'utilisateur	mots de passe

tracker de mot de passe

Sites Web	noms d'utilisateur	mots de passe

tracker de mot de passe

Sites Web	noms d'utilisateur	mots de passe

tracker de mot de passe

Sites Web	noms d'utilisateur	mots de passe

tracker de mot de passe

Sites Web	noms d'utilisateur	mots de passe

tracker de mot de passe

Sites Web	noms d'utilisateur	mots de passe

tracker de mot de passe

Sites Web	noms d'utilisateur	mots de passe

tracker de mot de passe

Sites Web	noms d'utilisateur	mots de passe

tracker de mot de passe

Sites Web	noms d'utilisateur	mots de passe

tracker de mot de passe

Sites Web	noms d'utilisateur	mots de passe

tracker de mot de passe

Sites Web	noms d'utilisateur	mots de passe

tracker de mot de passe

Sites Web	noms d'utilisateur	mots de passe

tracker de mot de passe

Sites Web	noms d'utilisateur	mots de passe

tracker de mot de passe

Sites Web	noms d'utilisateur	mots de passe

tracker de mot de passe

Sites Web	noms d'utilisateur	mots de passe

tracker de mot de passe

Sites Web	noms d'utilisateur	mots de passe

tracker de mot de passe

Sites Web	noms d'utilisateur	mots de passe

tracker de mot de passe

Sites Web	noms d'utilisateur	mots de passe

tracker de mot de passe

Sites Web	noms d'utilisateur	mots de passe

tracker de mot de passe

Sites Web	noms d'utilisateur	mots de passe

tracker de mot de passe

Sites Web	noms d'utilisateur	mots de passe

tracker de mot de passe

Sites Web	noms d'utilisateur	mots de passe

tracker de mot de passe

Sites Web	noms d'utilisateur	mots de passe

tracker de mot de passe

Sites Web	noms d'utilisateur	mots de passe

tracker de mot de passe

Sites Web	noms d'utilisateur	mots de passe

tracker de mot de passe

Sites Web	noms d'utilisateur	mots de passe

tracker de mot de passe

Sites Web	noms d'utilisateur	mots de passe

tracker de mot de passe

Sites Web	noms d'utilisateur	mots de passe

tracker de mot de passe

Sites Web	noms d'utilisateur	mots de passe

tracker de mot de passe

Sites Web	noms d'utilisateur	mots de passe

tracker de mot de passe

Sites Web	noms d'utilisateur	mots de passe

tracker de mot de passe

Sites Web	noms d'utilisateur	mots de passe

tracker de mot de passe

Sites Web	noms d'utilisateur	mots de passe

tracker de mot de passe

Sites Web	noms d'utilisateur	mots de passe

tracker de mot de passe

Sites Web	noms d'utilisateur	mots de passe

tracker de mot de passe

Sites Web	noms d'utilisateur	mots de passe

tracker de mot de passe

Sites Web	noms d'utilisateur	mots de passe

tracker de mot de passe

Sites Web	noms d'utilisateur	mots de passe

tracker de mot de passe

Sites Web	noms d'utilisateur	mots de passe

tracker de mot de passe

Sites Web	noms d'utilisateur	mots de passe

tracker de mot de passe

Sites Web	noms d'utilisateur	mots de passe

tracker de mot de passe

Sites Web	noms d'utilisateur	mots de passe

tracker de mot de passe

Sites Web	noms d'utilisateur	mots de passe

tracker de mot de passe

Sites Web	noms d'utilisateur	mots de passe

tracker de mot de passe

Sites Web	noms d'utilisateur	mots de passe

tracker de mot de passe

Sites Web	noms d'utilisateur	mots de passe

tracker de mot de passe

Sites Web	noms d'utilisateur	mots de passe

tracker de mot de passe

Sites Web	noms d'utilisateur	mots de passe

tracker de mot de passe

Sites Web	noms d'utilisateur	mots de passe

tracker de mot de passe

Sites Web	noms d'utilisateur	mots de passe

tracker de mot de passe

Sites Web	noms d'utilisateur	mots de passe

tracker de mot de passe

Sites Web	noms d'utilisateur	mots de passe

tracker de mot de passe

Sites Web	noms d'utilisateur	mots de passe

tracker de mot de passe

Sites Web	noms d'utilisateur	mots de passe

tracker de mot de passe

Sites Web	noms d'utilisateur	mots de passe

tracker de mot de passe

Sites Web	noms d'utilisateur	mots de passe

tracker de mot de passe

Sites Web	noms d'utilisateur	mots de passe

tracker de mot de passe

Sites Web	noms d'utilisateur	mots de passe

tracker de mot de passe

Sites Web	noms d'utilisateur	mots de passe

tracker de mot de passe

Sites Web	noms d'utilisateur	mots de passe

tracker de mot de passe

Sites Web	noms d'utilisateur	mots de passe

tracker de mot de passe

Sites Web	noms d'utilisateur	mots de passe

tracker de mot de passe

Sites Web	noms d'utilisateur	mots de passe

tracker de mot de passe

Sites Web	noms d'utilisateur	mots de passe

tracker de mot de passe

Sites Web	noms d'utilisateur	mots de passe

tracker de mot de passe

Sites Web	noms d'utilisateur	mots de passe

tracker de mot de passe

Sites Web	noms d'utilisateur	mots de passe

tracker de mot de passe

Sites Web	noms d'utilisateur	mots de passe

tracker de mot de passe

Sites Web	noms d'utilisateur	mots de passe

tracker de mot de passe

Sites Web	noms d'utilisateur	mots de passe

tracker de mot de passe

Sites Web	noms d'utilisateur	mots de passe

tracker de mot de passe

Sites Web	noms d'utilisateur	mots de passe

tracker de mot de passe

Sites Web	noms d'utilisateur	mots de passe

tracker de mot de passe

Sites Web	noms d'utilisateur	mots de passe

tracker de mot de passe

Sites Web	noms d'utilisateur	mots de passe

tracker de mot de passe

Sites Web	noms d'utilisateur	mots de passe

www.ingramcontent.com/pod-product-compliance
Lightning Source LLC
Chambersburg PA
CBHW071302050326
40690CB00011B/2496